EXAMEN

DU

SYSTÈME DE M. FLAUGERGUES,

ÉTABLISSANT

LA DICTATURE

DU ROI ET DES CHAMBRES.

EXAMEN

DU

SYSTÈME DE M. FLAUGERGUES,

ÉTABLISSANT

LA DICTATURE

DU ROI ET DES CHAMBRES,

OU LEUR POUVOIR DE CHANGER LA CONSTITUTION,
SANS OBSERVER AUCUNES FORMES SPÉCIALES.

PAR LE COMTE LANJUINAIS,

PAIR DE FRANCE, etc.

Flattant le peuple d'un prétendu mieux possible, on s'efforce de lui enlever son bien présent, ses garanties les plus nécessaires.

PARIS.

A LA LIBRAIRIE CONSTITUTIONNELLE

DE BAUDOUIN FRÈRES,

RUE DE VAUGIRARD, n° 36.

1820

AVERTISSEMENT.

Le sol politique a été fouillé très-indiscrètement par l'oligarchie et par le ministère. Aussitôt paraît un déluge de systèmes et de constitutions, qui, si l'on n'y prend garde, va détruire la loi des élections, l'ame de la Charte agonisante; étouffer dans son berceau la Charte même, et menacer toute liberté publique. Déjà il a mis en stagnation le travail, le commerce et l'industrie, conséquemment toute prospérité.

Le maintien scrupuleux des lois constitutionnelles, chères au peuple, favorables à la liberté, à l'égalité, contraires à l'oligarchie, est la vraie force des gouvernans;

c'est le plus sûr gage de la paix et du bonheur public. Il faut qu'on ne puisse rien changer à ces lois saintes, qu'à de longs intervalles, et par des amendemens partiels, soumis à des formes spéciales et solennelles, par des amendemens toujours rédigés à l'avance, agréés et proposés dans la forme ordinaire des lois, mais toujours définitivement adoptés ou rejetés dans une législature convoquée extraordinairement. Voilà ce qui manque sans doute à l'Angleterre, mais ce que nous apprend et nous confirme la sagesse des temps modernes, ce qu'appuie, sous nos yeux, l'expérience heureuse des plus sages gouvernemens dans les deux mondes.

On ne peut pas faire un plus grand mal que de toucher à ces lois sans nécessité. L'opinion de stabilité une fois ébranlée, des hommes téméraires viennent audacieusement remuer toutes les questions les plus délicates. On s'occupe d'abord de *représentation nationale* et d'*élections*; bientôt la religion de l'Etat, la dynastie, la liste civile, la royauté même, les pouvoirs héréditaires et les tribunaux inamovibles qui la soutiennent, toutes les institutions sont en péril; les factions s'arment, la guerre intérieure s'allume, l'invasion étrangère succède, et il faut au moins traverser plusieurs anarchies avec toutes leurs horreurs, leurs délations, leurs épurations, leurs terreurs, leurs proscriptions, leurs confiscations, leurs emprisonnemens, leurs supplices légaux et leurs massacres arbitraires, pour venir se reposer dans un despotisme honteux et funeste, long-temps indestructible.

Tel est le danger, tel est le mal que nous combattons aujourd'hui. Quand le projet ministériel tant redouté aura paru, nous traiterons en détail de la nécessité de maintenir la Charte et la loi des élections, et du plan à suivre pour amender la Charte sans la détruire.

EXAMEN

DU

SYSTÈME DE M. FLAUGERGUES,

ÉTABLISSANT

LA DICTATURE

DU ROI ET DES CHAMBRES.

<hr>

Depuis que l'ancienne aristocratie et le parti ministériel ont juré le changement de la Charte et de la loi des élections ; c'est-à-dire, depuis que tout allant assez bien, l'on veut que tout change, afin que certaine chose aille comme on voudrait ; depuis que ce qui était reconnu *le plus funeste* par les ministres, il y a peu de mois, est préconisé, comme *salutaire* et même *indispensable* ; depuis que le mépris de nos sermens et de l'opinion publique la plus positive est à l'ordre du jour ; depuis qu'on est venu à bout de réduire en problème nos garanties les plus précieuses , d'effrayer, de mettre en stagnation, en défiance les grands et les petits propriétaires, les fabricans et les autres citoyens industriels, en un mot, tous les riches et tous les pauvres, chacun rêve son utopie, chacun propose sa chimère; ainsi nous sommes accablés de nouvelles doctrines, plus affligeantes les unes que les autres.

Les personnages qui seraient les plus indignes, s'il fallait reconnaître des indignes, inventent et mettent en œuvre la superbe et commode *théorie de l'indignité*, qui, franchement exploitée, rendrait impossibles toutes les élections, et ferait éclater la guerre civile.

D'autres s'obstinent à vanter l'excellence, la dignité, la moralité, l'heureuse perpétuité des proscriptions, et contre les pétitions annoncées et non lues, en faveur des bannis sans jugement; ils ont imaginé la théorie des lacérations et des brûlures, et celle des *moyens extrêmes*.

D'autres s'efforcent d'anéantir le droit de pétition sur les questions législatives, sous prétexte que la législation est l'affaire spéciale des Chambres, et qu'il arrive des départemens des pétitions déplaisantes, ou que les Français pétitionnaires sont des *factieux*, des *dupes*, ou des *ignorans*, qui n'entendent rien à leurs intérêts, qui *ne savent pas le sens des mots*.

D'autres, enfin, prétendent avoir découvert, dans la Charte, des articles *réglementaires* et *purement arbitraires*. Pour s'en débarrasser, ils vantent la théorie anglaise de *la dictature du parlement* ; ils veulent qu'on préfère une prétendue *Charte non écrite*, aux dispositions les plus claires de la *Charte écrite*.

C'est précisément ce système du *Journal des Débats*, du *Journal de Paris*, du *Moniteur*, etc., que vient raviver de toutes les forces de son éloquence et de sa dialectique, un métaphysicien, un publiciste habile et déjà célèbre, M. Flaugergues, ancien membre de la Chambre des députés.

Ses vues dernières sont très-libérales sans doute. On peut en juger par cette épigraphe de sa nouvelle brochure intitulée *de la Représentation nationale, et principes sur les Élections : Nous voulons*, dit-il, *tout ce qui découle de la rigueur des principes au profit du peuple ; et si le ministère ne contracte l'engagement de l'accorder, nous voulons ce qui est, tel qu'il est, sans examen*.

On voit assez que M. Flaugergues ne prétend pas (directement) favoriser un système qui assurerait aux ministres le choix de la plus grande partie des députés, qui établirait ainsi l'état *de majorité fixe* auquel ils aspirent, et changerait l'action des Chambres en un vrai jeu de marionettes.

Peu s'en faut qu'ultra-populaire, il ne prenne rang parmi les *radicaux* anglais. Il entend, dit-il, fonder *une bonne démocratie dans la représentation nationale*, divisant en trois colléges les propriétaires de chaque département, et plaçant dans le plus nombreux, en plus grande proportion, tous ceux qui payent 3o fr. de contribution foncière, et 5o francs en toutes contributions directes, y compris la patente et le droit de portes et de fenêtres. Voilà son collége primaire de la *petite* propriété ; il en crée deux autres, de la *moyenne* et de la *grande* ; et les faisant élire séparément, sous prétexte de fomenter des *passions* qui ne manquent jamais, il les affaiblit au profit des ministres et au profit des ex-privilégiés.

Par ces trois colléges, il fait choisir les électeurs directs, qu'il affaiblit aussi, les divisant de même en trois colléges de grande, de moyenne et de petite propriété. C'est un peu le système publié en 1818, par M. Mazuyer, professeur de médecine à Strasbourg ; ou plutôt c'est la noblesse, le *haut tiers* et le *bas tiers*.

Ces trois colléges d'électeurs directs ne seraient pas contraires au texte précis de la Charte ; ils le seraient à son esprit.

Mais M. Fl. tient beaucoup à ses trois colléges primaires, qui nommeraient chacun un certain nombre d'électeurs. Il est pressé de nous faire jouir de son travail.

Il veut que, dès à présent, si l'on n'admet pas les colléges primaires, 1° l'on mette en action les trois colléges électoraux par département ; 2° que, de suite, l'âge des membres primaires, et celui des vrais électeurs et des éligibles soit borné à vingt – sept ans accomplis ; 3° que le taux des contributions pour être électeur direct, soit réduit à 150 francs ; 4° que la contribution de 150 fr. suffise aux électeurs directs pour être député ; 5° que la Chambre élective soit renouvelée intégralement tous les quatre ans.

On peut bien prédire à M. Flaugergues que son plan intégral ne sera point adopté par les ministres ; et peut – être il mérite le reproché de trop s'enthousiasmer pour la prétendue théorie particulière des *intérêts* et des *passions*, et de ne pas placer l'élection où la capacité se trouve mieux assurée.

Il a été remarqué d'ailleurs que ce plan péche par un défaut d'ensemble; qu'il ne suffit pas de représenter des *intérêts* ou des *passions* toujours présentes, qu'il faut aussi les rassembler sous un même lien (1).

Mais on assure que ce plan a été agréé des ministres quant à la division des électeurs directs de chaque département, en trois ou en deux colléges, quant à l'âge de vingt-sept ans, et au renouvellement intégral.

Il est cependant permis de croire que les ministres n'y trouveraient pas beaucoup mieux leur compte, que dans l'exécution de la loi actuelle. Le mal que l'ancienne aristocratie et le ministère veulent combattre, est non dans cette loi, mais dans la matière électorale. On sait bien que ce mal n'est que le défaut de complaisance pour les candidats *ultra* ou ministériels. Or, il est douteux qu'aucune combinaison mécanique puisse changer

---

(1) V. *De la Séance du 15 juin*, par M. Kératry.

cette disposition. Probablement, la Nation ne nommera en majorité, des députés *ultra* ou ministériels, que lorsque les ministres se montreront constitutionnels. Il n'y a que le renouvellement intégral qui puisse rendre les ministres impunément *compositeurs* arbitraires de la Chambre.

Quoi qu'il en soit, l'inclination dominante de M. Fl. est de faire changer la Charte par le Parlement, sans aucune solennité, sans aucune forme extraordinaire. Dans cette idée, il a rassemblé tout ce qu'on peut dire pour affaiblir et presque entièrement anéantir l'autorité des constitutions écrites.

C'est là, principalement, en quoi il sert les ministres et les anti - nationaux ; c'est cette partie si fausse et si dangereuse de son système, que je me propose de réfuter, en défendant les idées contraires déjà présentées par MM. Salvandy et Kératry, par les auteurs du *Censeur européen*, et surtout par M. De Vaux dans son utile écrit sur la revision.

Je ne combats point l'augmentation du nombre des députés; et je ne trouverais que devoir et convenance à leur attribuer, un jour, une indemnité. La Charte n'a rien de contraire à ces deux points. Quant à ce qu'elle prescrit, et à notre loi des élections, en elle-même, voici mon humble avis :

> Nous devrions premièrement
> Garder notre Gouveruement.

Nous devons céder au cri public, en laissant la Constitution et la loi des élections intactes, quant à présent, puisque c'est le vœu national le plus certain et le plus énergique, non-seulement de ceux qui élisent, mais aussi des prétendus *exhérédés ;* puisque cette résolution est nécessaire au repos de la France ; puisque la Nation le veut ainsi, par un instinct général qui ne saurait guères la tromper ; puisque les idées contraires sont entachées d'une versatilité aussi périlleuse que déshonorante ; puisqu'enfin l'ancienne aristocratie conjurée veut absolument le contraire.

Le *pouvoir,* comme dit M. Fl., *ne doit être que le ministre de la raison générale.*

Cependant, il faut apprécier le résumé anticonstitutionnel de M. Fl. On ne peut guères douter qu'il sera comme l'arsenal où les orateurs ministériels iront bientôt, si les choses ne changent pas, choisir des armes pour combattre l'opinion publique, et défendre un système, où l'immense majorité des Français n'aperçoit jusqu'à présent qu'une grande calamité, une source de dangers incalculables.

Notre auteur se tient d'abord dans le chemin battu. Il distingue *trois parties* dans la Charte, et même une quatrième qu'il appelle aussi *réglementaire*, comme a fait, tout le premier, M. de Staël. Ces textes, prétendus purement *réglementaires*, il les qualifie ailleurs *accessoires*, et *purement arbitraires*; et dans cet ordre, il comprend l'*âge* des députés, et le *renouvellement partiel* de la Chambre, si odieux à nos ministres, on sait bien pourquoi.

Voyons d'abord où le conduira sa division de la Charte en trois chapitres qui, de suite, se termine en quatre. J'ai déjà le droit de soupçonner que l'auteur n'a pas assez fortement médité son sujet.

Oublions, pour un moment, ce quatrième chef, et voyons la division en trois branches; examinons si elle est heureuse, et si elle peut mener à un résultat concluant.

Pour expliquer *ce que c'est que violer la Charte*, il suffirait de dire : C'est détruire ses dispositions, ses volontés, ses commandemens ou ses prohibitions les plus clairs. Mais un langage aussi simple ne permettrait pas à notre auteur de *préférer* je ne sais quelle *Charte non écrite* au texte, à l'esprit, au vœu incontestable de la *Charte écrite.*

Il lui faut donc péniblement distinguer, 1° *le contrat* qui maintient certaines choses, comme *les ventes* et *l'oubli des votes*, ou ce que l'auteur appelle *la transaction;* 2° *l'établissement de la liberté publique par le gouvernement représentatif;* 3° *les linéamens du gouvernement représentatif.*

Remercions-le de ce qu'il ne songe pas à dire que la Charte est *un octroi* ou *une ordonnance* révocable à volonté; de ce qu'il veut bien ne pas faire consister le salut de la dynastie à détruire la Charte et la loi des élections. Pourtant, il avilit la Charte par d'injustes critiques; et, contre la loi des élections *expérimentalement* si bonne, il prophétise qu'on voudra peut-être en abuser, lui donner d'injustes extensions, et qu'il en peut naître des *tempêtes populaires.* Avec quelle justesse on lui a déjà répondu : « Vous construisez le mal en hypo» thèse, pour nous ravir le bien en réalité.

» Vous livrez la citadelle nationale à l'aristo-
» cratie, de peur que la garnison, dans quel-
» ques années, ne veuille arborer les couleurs
» artistocratiques, etc. » (Voyez *le Constitutionnel* du 29 janvier 1820.) Revenons à la division de M. Fl.

Premièrement, les deux dernières branches
de cette division rentrent l'une dans l'autre.
Cela est trop évident.

Les distinctions de l'auteur ne sont donc
pas exactes.

En second lieu, pourquoi la troisième
branche ? C'est pour dire que ces *linéamens
sont courts*; que la rédaction peut en *être
erronée*; que tel article peut être *vicieux*,
c'est-à-dire changeable, rejetable, quoique
très-clair, et qu'il faut alors *suivre le principe*, et *non la rédaction*. Seulement, quand
on s'écarte ainsi du texte et de l'esprit, il
faut *une extrême circonspection*; il faut que
le changement soit jugé *universellement indispensable*. Eh bien ! vos changemens sont jugés
universellement blâmables.

Ne peut-on pas dire aussi que *le contrat*
ou *la transaction* sont dessinés en *linéamens*

forts courts, et conséquemment qu'ils sont sujets de même à toute la liberté d'explication, ou d'abrogation des textes que l'on réclame si hardiment, pour ce qui regarde *la liberté publique par le gouvernement représentatif?*

J'insiste encore sur les divisions de l'auteur.

Comme contrat, la Charte doit être observée (*pacta servanda*). Comme *transaction*, elle a plus de force que la chose jugée. C'est un jugement au-dessus de toutes les attaques.

Comme *établissement d'un gouvernement légitime*, elle est, de toutes les conventions, la plus sacrée. C'est un pacte de tous les Français entre eux, ou un *mandat*, une *délégation* nationale aux autorités constituées. Comme *pacte* social, il faut encore l'observer ; comme *mandat* nationalement consenti, il ne peut être changé sans la volonté nationale, sans le consentement très-solennel des commettans dûment représentés à cette fin spéciale ; et plus les *linéamens sont courts*, plus il est nécessaire de les respecter, d'en développer de bonne foi toutes les conséquences préservatrices.

Si l'on prétendait que le gouvernement français est un *mystère* ou un *gouvernement d'exception* fondé sur le *droit d'un maître*, il serait superflu de s'arrêter à combattre ces doctrines sans base. Il suffirait de dire : La Charte est la *garantie inviolable* de tout ce qu'elle reconnaît, de tout ce qu'elle établit, de tout ce qu'elle promet, ou *elle n'est absolument rien qu'un exécrable piége*. Il est peu nécessaire de mettre au jour ses fondemens, son origine. Elle sera, si l'on veut, un être indéfinissable, un *aérolithe* tombé des cieux, mais un aérolithe d'une extrême dureté. On ne sait pas, on ne cherche pas s'il vient de l'atmosphère, ou de la lune, ou d'ailleurs; mais on sait qu'il existe, qu'il faut le briser par des violences, en un mot, risquer de se briser contre lui, ou le souffrir tel qu'il est, ou enfin le polir et le façonner du consentement spécial et très-formel de la nation dont il est devenu la propriété la plus chère.

On ne pouvait donc rien imaginer de plus dérisoire, de plus alarmant et de moins fondé sur la triple et fort inexacte distinction de l'auteur, que toute sa doctrine sur l'abrogation loisible des articles clairs et prétendus *vicieux* de la Charte. Il est trop manifeste que son système en pratique ne serait que violation de la foi publique, despotisme et tyrannie.

Si, lorsque la Charte prescrit l'âge de 40 ans, le renouvellement partiel et annuel en cinq ans, et l'impôt de 300 fr., l'on peut ou entendre ou corriger d'après les *vérités principes*, renouvellement intégral et quadriennal, âge de vingt-sept ans, et impôt de 150 fr.; certes, notre parlement ordinaire serait un enchanteur le plus merveilleux, ou un despote le plus insupportable.

Voilà pourtant ce que l'auteur *croit être la règle sûre*. Dieu veuille préserver la France et le genre humain de *la règle sûre* de ces imprudens novateurs !

Après cela, pourquoi nous arrêter à la fausse théorie des articles *accessoires*, *réglementaires*, *purement arbitraires*, supposés dans la constitution ? Ce n'est que le même système retourné, travesti dans un autre langage. *L'accessoire*, dans les lois comme dans les contrats, oblige ainsi que le principal. (*Pacta adjecta contractibus insunt. Accessorium sequitur principale.*)

Il n'y a de vraiment *réglementaire* que les

ordonnances ou les *ordres* donnés par le magis-trat à ses inférieurs, pour assurer l'exécution des *lois*. Nous avons des lois *fondamentales* ou *constitutionnelles ;* nous avons des lois ordinaires ou *secondaires*. Nous n'avons point proprement de lois *réglementaires*. Si des ar-ticles inutiles en apparence, et pour lesquels on semblerait pouvoir se reposer sur l'autorité exécutive, existaient dans une constitution, ce seraient des *lois constitutionnelles ;* s'ils se rencontrent dans une loi secondaire, ce sont des lois. Dans le premier cas, ils ne peuvent être abrogés que suivant les formes *constitutionnellement* établies pour reviser ou changer *la constitution ;* et, dans le second cas, il faut une *loi ordinaire* pour les altérer. Ad-mettez une autre doctrine, et vous n'aurez plus ni lois constitutionnelles, ni lois ordinaires, ni lois ni titres d'aucune espèce ; et en raffinant, vous ne faites que retomber dans la barbarie : tout dépendra de la volonté exécutive, qui est seule, à parler exactement, *l'autorité régle-mentaire*. Quant au prétendu *arbitraire des constitutions et des lois*, c'est un non-sens ; ces mots jurent d'effroi de se voir accouplés.

Mäis *les Chambres*, dit M. Fl....., *ne doi-*

*vent point appliquer la Charte, comme les tri-
bunaux doivent appliquer les lois. Si les Chambres se trompent dans leurs décisions sur la
Charte, leurs lois ne sont pas moins efficaces ;
et , si la Charte est funeste , leurs lois confor-
mes à la Charte n'en sont pas moins funestes.*

Tout cela n'est qu'erreur et ignorance des
premiers principes, ou réflexion sans consé-
quence.

Pour les législateurs probes, éclairés, ainsi
que pour les juges honnêtes et habiles, il n'y
a qu'une manière d'appliquer les textes, c'est
d'y chercher *la volonté* certaine de la loi, ou
du contrat , ou de l'écrit régulateur quelconque , et de s'y conformer. Autrement, toutes
les constitutions, toutes les lois, tous les titres
sont des inutilités, des absurdités, des piéges,
de pures moqueries.

Il se peut qu'en de certains articles, la Constitution ne soit pas d'accord avec quelque réelle
ou prétendue *vérité-principe*. Ce n'est rien, si
la prétendue anomalie n'est pas précisément un
crime , une violation évidente des premières
lois de la nature. Rien n'est parfait sur la terre;
il faut absolument se soumettre aux lois im-
parfaites, constitutionnelles , qui ne violent

pas ces premiers commandemens, ces premières prohibitions de la raison : autrement, il n'y aurait pas de loi certaine, il n'y aurait point de fin aux discordes, point de remède à l'anarchie.

De même, si la loi secondaire n'est pas évidemment violatrice de la raison naturelle, ni évidemment inconstitutionnelle, il faut lui obéir non-seulement par prudence, mais aussi par conscience, quoique cette loi soit ou *paraisse* plus ou moins *funeste*, plus ou moins contraire aux vérités, ou même aux hypothèses prétendues *principes*. L'erreur sur la justesse des conséquences éloignées du droit naturel ou du droit constitutionnel, est un moindre mal que l'anarchie. Je ne parle point des *coups d'État* ; ils se réduisent à une question de *nécessité*, mais de nécessité presque toujours imaginaire, et qui, la supposant vraie, ne peut jamais être perpétuelle. C'est là, surtout, ce qui rend insoutenable notre persévérance à tenir dans l'exil tant de citoyens bannis sans jugement, contre la Charte et les lois, et qui ne sont pas plus inquiétans que des millions de nos régnicoles.

Jusqu'ici, l'auteur n'a pas donné, il en convient assez, des *principes rigoureux*. Mais les voici , dit-il , *les principes rigoureux* : et il ne donne que la théorie anglaise du *despotisme* ou de la dictature parlementaire.

Notre Parlement considéré dans ses trois branches , est *le souverain*, dit M. Fl. ; notre Parlement est le *point extrême du superlatif du pouvoir*. Son autorité est donc *illimitée pour le bien*. On ne peut pas distinguer le pouvoir *constituant* du pouvoir *constitué*. C'est le sage principe des Anglais ; ils ne voient dans leur Charte qu'un être idéal ; ils ne considèrent comme leur Charte *que ce qui constitue la liberté et le bon ordre*. De même en Amérique. Washington *conseilla de fortifier le pouvoir exécutif* ; la Constitution *fléchit entre les mains du législateur* ; *et depuis*, l'Amérique est le pays le plus libre qui jamais ait existé.

Déjà, en France, il a fallu abroger l'art. 46 de la Charte , sans quoi nous aurions *péri*.

Déjà, il a fallu rétablir *la conscription* en *violant* l'article 12 de cette même Charte.

Déjà, le Roi en a modifié l'art. 27 sur l'hérédité de la pairie.

Déjà, on a regardé comme un bienfait l'annonce de la révision de quatorze articles de la Charte par les Chambres et par le Roi.

Déjà, la loi des élections, changeant la signification du mot *électeur* dans l'art. 40 de la Charte, a privé le peuple d'un droit *réel et fondamental* qu'on doit lui rendre.

Il faudra bien un jour violer l'art. 56 qui borne à la *concussion* et à la *trahison* les cas de responsabilité des ministres.

En déclarant licite le rétablissement des Prévôtés, art. 58, la Charte *détruit* l'art. 57, et se trouve *en contradiction* avec elle-même.

Enfin, la Charte a *omis* d'énoncer la nécessité du contre-seing des actes du Roi par un de ses ministres. Concluons :

La *Charte non écrite* doit donc l'emporter sur la *Charte écrite*. Ainsi, le Roi et les Chambres, quand il s'agit de la Charte écrite, n'*ont de règle à suivre que la Charte tracée des mains de la nature.*

Tant de petites raisons et tant de sauvageries, s'il est permis de le dire, amoncelées pour détruire la Charte comme loi des autres lois, c'est-à-dire, comme loi constitutionnelle, annoncent assez l'embarras de l'auteur et la faiblesse de toute sa doctrine. Ses objections, la plupart, sont plus dignes des jeux de l'école, que des graves débats d'un Parlement.

Reprenons : il y a plus d'une équivoque dans ce qu'il exprime sur la *souveraineté* du Roi et des trois Chambres. Elle est illimitée, dit-il, comme étant, par le mot seul, le point extrême du superlatif du pouvoir ; néanmoins, de son aveu, elle est *limitée* par la *transaction* de la Charte ; et de son aveu encore, elle n'est *sans bornes que pour le bien*, et dans *ce qui constitue la liberté et le bon ordre*.

Mais la Charte entière ; qu'est-ce autre chose qu'une *transaction ?* Comment appeler sérieusement *illimitée*, une autorité qui n'est *sans bornes, que pour le bien, la liberté, le bon ordre ?* Ensuite, est-ce un *bien*, est-ce la liberté, est-ce le *bon ordre*, que ce qui trouble et qui effraie toute la France? N'est-il pas évident qu'ici l'auteur s'embrouille ? Oui, sa logique et sa candeur sont embarrassées ; il ne sait comment résister à la simplicité des idées communes, à l'opinion très-prononcée qui soutient la nécessité d'une loi constitutionnelle de révision, pour autoriser d'abord la révision même, en déterminer le mode, qui exigent enfin qu'après chaque révision projetée et proposée par les trois branches législatives, il y ait un intervalle donné à l'opinion publique, et un renouvellement entier de la Chambre élective, pour que les amendemens puissent être adoptés en définitif par les trois branches du Parlement.

Ce n'est pas contester la *souveraineté* du Parlement ordinaire, que d'exiger des formes extraordinaires pour que la Constitution soit changée, et, par-là, de maintenir la juste distinction du pouvoir *constituant* et du pouvoir *constitué*, distinction fondée sur la nature des choses, seule propre à garantir la stabilité de la Charte, et à préserver de la dictature, de la tyrannie parlementaire qui, déjà, ont produit tant de malheurs chez nous et chez nos voisins.

Pourquoi ne placerait-on pas dans le Parlement ainsi constitué réviseur de la Charte, sans compromettre les bases (car il ne voudrait jamais se compromettre lui-même), pourquoi n'y placerait-on pas le droit définitif de changer cette Charte, autrement, l'autorité constituante, qui seule, à vrai dire, *est le point extrême du superlatif du pouvoir?* Est-il plus sûr de s'en rapporter à une majorité d'oligarques, de ministres et de ministériels qui, dans la Chambre, l'emporte de cinq voix, et qui, au dehors, a vraiment la nation contre elle?

L'autorité *constituante* que nous proposons, liée par des formes spéciales et tutélaires, ne serait pas, sans doute, absolument incapable d'approuver quelque mal relatif; mais ce ne pourrait être un mal que les trois branches ne voudraient pas elles-mêmes ; et il n'y a point d'autorité humaine qui puisse être véritablement dans l'heureuse impuissance de tout mal. Elle ne serait pas aussi *sans bornes pour le bien*, puisque cet attribut ne saurait appartenir qu'à Dieu.

Il est vrai que les Anglais qui datent de 1688, et des ténèbres antérieures, ont négligé une méthode aussi simple et aussi prudente, qui n'a aucun inconvénient, qui offre les plus grands avantages. N'en soyons pas étonnés; leurs lois civiles même, sont encore dans le chaos. Ils ont d'ailleurs l'oligarchie, les bourgs pourris, une dette publique effroyable, une taxe des pauvres de 300 millions, plus de six millions d'ilotes ou d'exhérédés politiquement par intolérance, enfin la secte redoutable des *radicaux*, et les exécutions militaires, et le régime par lois d'exception.

Cependant, la lumière a été faite autour d'eux.

On distingue en Europe, dans le nord et dans

le midi de l'Amérique, et jusques chez les Haïtiens et dans la constitution des Cortès, le pouvoir *constituant* et le pouvoir *constitué*. Il y a, dans les nouveaux gouvernemens représentatifs, ou une autorité constitutionnelle, distincte du parlement, ou des formes spéciales, solennelles et extraordinaires pour amender la constitution; et partout où ces formes sont observées, l'on s'en trouve bien.

Comment traiter d'*impossible* et d'*absurde* ce que, depuis quarante ans, nous voyons exister et prospérer sous nos yeux?

C'est par un pouvoir *conventionnel* ou *constituant*, que déjà les Anglo - Américains ont obtenu, sans danger, des amendemens constitutionnels au nombre de douze (1).

Après dix ans de durée, la constitution d'Haïti, de 1806, a été révisée de même en 1816, et n'est point remise en question.

Plusieurs de nos constitutions précédentes, celles de 1791 et de 1803 devaient être semblablement révisées : elles ont péri ; mais cette révision paisible, solennelle, extraordinaire, nous eût épargné des maux infinis.

---

(1) *V*. Description des États-Unis d'Amérique, par M. Warden. Paris, 1820 ; in-8°, t. 5, p. 332.

En Norwège même, ces formes salutaires de révision constitutionnelle, sont établies et prospèrent. On les retrouve plus ou moins sagement tracées et observées en d'autres États de l'Europe, en Bavière (1), en Suisse (2), etc.; c'est le besoin le mieux senti, c'est la plus réelle des *vérités principes* qui l'ont voulu ainsi.

Les exemples allégués pour établir que déjà nous avons corrigé la Charte par de simples actes, ou par le simple usage de notre législature ordinaire, ne présentent que des allégations inexactes et trompeuses.

La Chambre de 1815 et celle de 1816, nées des adjonctions préfectorales, ont *violé*, sans doute, pour un temps, la Charte par des mesures d'exception; mais violer la règle n'est pas la réformer. Des exemples de désordre ne sont pas des lois, ne corrigent pas les constitutions. Les lois seules, et non des anti-lois, des exemples vicieux tirés des

---

(1) Voyez Constit. de Bavière, 1818, tit. 10, art. 7.

(2) V. Manuel du droit public de la Suisse, Aran, 1816, t. I, p. 143, 170, 202, 246, 252; t. II, p. 300, 311, 325, 346, 376, 403, 419, 445. Constitut. de la république de Fribourg, de 1814, art. 35 et 36.

temps de trouble et de faction, doivent gouverner les États.

Ce sont, il est vrai, d'autres exemples qui sont indiqués par notre auteur.

Le premier qu'il invoque est celui de l'article 46 de la Charte, que lui a, par erreur, fourni M. de Staël. Cet article 46, entendu, comme il doit l'être, des lois mêmes à amender, à limiter, à restreindre, à expliquer, et non des simples projets de loi, est en pleine vigueur, n'a jamais souffert aucune atteinte (1).

Le second exemple consiste à soutenir que la loi du recrutement renferme une abrogation de l'article 12 de la Charte, un rétablissement réel de la conscription impériale. C'est là une erreur oligarchique, sur laquelle il suffit de renvoyer à la belle discussion de cette loi dans les deux Chambres.

Vient ensuite l'hérédité de la pairie, établie par une ordonnance du Roi. Par cette ordonnance, loin d'abroger la Charte, le Roi, à l'égard de chaque pair, n'a fait qu'user d'une réserve formellement stipulée dans l'art. 27 de

---

(1) *V.* Les Constitutions des Français, t. 1, p. 251, n° 325.

notre Constitution. Certes, cet article n'est jusqu'ici que simplement exécuté par l'hérédité, telle qu'elle existe jusqu'à présent ; et si l'on veut reprocher une trop grande latitude à l'ordonnance dont il s'agit, en ce qu'elle paraît obliger les Rois futurs, ce serait agiter une question prématurée , et citer un exemple qui ne prouverait rien à force de trop prouver. Car , sans doute, M. Fl. ne prétend pas qu'une ordonnance du Roi puisse vraiment abroger ni la Charte, ni une loi quelconque. Ce serait détruire ses *vérités-principes* les moins vagues et les moins incertaines.

Les mêmes réflexions repoussent un autre exemple inutile, tiré non pas de ce que le Roi, en 1817, a fait réviser par le Parlement quatorze articles de la Charte, mais de ce qu'il en a annoncé le projet, et de ce qu'on regarda ce projet comme un bienfait.

Combien faudrait-il de velléités semblables pour fonder la maxime corrosive et désespérante, que la stabilité de la Charte ne tient qu'au hasard de l'insuccès des ministres dans leurs injustes et continuels efforts, pour maîtriser le choix des députés qui doivent apurer leurs comptes et apprécier leur administration, ou même les accuser ?

Ce projet de l'ordonnance de 1817, projet révoqué de suite par une autre ordonnance, ne put être regardé, par les personnes éclairées, comme un *bienfait*, qu'autant que l'on dût espérer que la Constitution serait d'abord essayée pendant un assez long intervalle pour nous reposer, nous réconcilier, et la bien juger, et autant que la proposition du Roi, annonçant l'utilité d'une réforme sur quelques articles, faisait également espérer que, selon les lumières du temps, et la règle du plus grand nombre des États libéralement gouvernés, la réforme ou la révision serait d'abord établie de manière qu'on pût amender sans détruire.

Mais voici une objection, un exemple qui renferme une vive critique de la loi même des élections, comme ayant abrogé, par la seule volonté de la législature ordinaire, l'art. 40 de la Charte.

Cet article est ainsi conçu : « Les électeurs » *qui concourent à la nomination des députés,* » ne peuvent avoir droit de suffrage, s'ils ne » paient une contribution directe, etc. »

On voit que la Charte ne défend ni ne prescrit les deux degrés d'élection; mais par l'argument si trompeur du sens contraire, et

par induction conjecturale , on peut déduire
de cet article, non pas qu'elle a prescrit les
deux degrés , puisqu'elle ne prescrit rien
que la condition pour élire directement ; mais
qu'à toute force, elle n'a pas du moins entendu
prohiber ces deux degrés, c'est-à-dire, qu'elle
les a laissés permis , si les législateurs y
voyaient de l'utilité. Voilà tout ce qu'on peut
tirer de l'art. 40 : il n'est donc pas transgressé par
la loi des élections ; cette loi n'ôte aucun droit
à personne ; et l'art. 40 fût-il enfreint véritablement, ce ne serait qu'un mauvais exemple
à réformer quelque jour, et non pas à imiter.
(*Quod contrà jus receptum est ad consequen-
tias non protrahendum.*)

Il est dit, en l'article 56 de la Charte, que les
cas de trahison à imputer aux ministres par
voie de responsabilité constitutionnelle , se-
ront définis par *des lois*. Quand ces lois, depuis six ans bientôt retardées par les ministres avec une affectation inexcusable ,
auront paru, c'est alors qu'on pourra juger
si la définition se trouvera trop étendue , ou
trop restreinte ; mais aujourd'hui, prophétiser
que la loi se changera en abus, pour en conclure
qu'il est permis de réprouver le sens de la
Charte le plus clairement conforme à son texte

et à son esprit : cette méthode, on ne devait guères s'y attendre ; cette objection, elle ne mérite pas qu'on la réfute.

C'est encore une argutie tout aussi faible, de dire qu'il y a contradiction entre l'art. 57 (lisez 62) de la Charte, qui veut qu'on ne *soit pas distrait de ses juges naturels*, et l'art. 58 (lisez 63) qui permet de *créer des prévôtés si leur rétablissement est jugé nécessaire*. Il est vrai que l'art. 62 est une disposition *dange-reuse*, comme dit M. Fl. ; et de cet article on a trop abusé par une loi d'extension injuste dans la réaction cruelle de 1815 (1). Mais une exception bonne ou mauvaise, exprimée par la loi, comme exception, ne fut jamais une contradiction réelle. *L'exception ne détruit pas le principe*, elle le confirme. (*Exceptio firmat regulam.*) C'est une règle de logique et une règle de droit. Et si dans la Charte il s'était glissé, par impossible, une véritable contradiction entre deux textes qui se touchassent immédiatement, les deux textes s'effaceraient l'un l'autre, comme, en mathématiques, deux quantités vraiment égales, l'une

____

(1) *V.* Justice crim., par M. Bérenger, p. 112.

affirmative, l'autre négative, se détruisent.
La Charte serait entachée par un tel vice ;
mais il ne faudrait pas moins l'observer
strictement dans les autres dispositions claires
et cohérentes ; l'observer comme la loi su-
prême des lois et des législateurs.

De même, enfin, ce peut être une addi-
tion utile à faire à la Charte en forme de
revision constitutionnelle , que d'astreindre
expressément les actes du Roi à être contre-
signés par un ministre , si jamais la règle
essentielle du contre-seing paraissait négligée,
et si, par cet abus, la responsabilité minis-
térielle se trouvait affaiblie : mais une omis-
sion, une lacune essentielle dans une loi
peut se réparer suivant les formes régulières ;
elle ne dispense jamais d'exécuter les dispositions claires de cette même loi.

Que signifie maintenant tout cet amas de
vains exemples cités par M. Fl. ? Joignez-y
toutes les ordonnances qui ont directement ou
indirectement contrevenu à la Charte, et toutes
les mesures d'exception tant reprochées aux
Chambres et aux ministres, même l'acte équivoque du 6 décembre dernier, et cet autre
où la Chambre des pairs , se contredisant
elle-même, a ordonné de déchirer et de brûler

la pétition la plus constitutionnelle, provenant d'un émigré, d'un royaliste zélateur et en même temps juste, humain, généreux; joignez-y tous les refus affectés et persévérans de donner à la Charte son exécution ou ses développemens nécessaires, en un mot tous les actes de déviation, ou factieux, ou ministériels, qui ont fatigué la patience nationale, et qui ne l'ont pas épuisée : tout ce que vous pourrez en conclure avec justesse, est que la Charte et la loi des élections, notre seconde Charte, sont infiniment chères aux Français; qu'elles sont pour nous des gages nécessaires d'ordre et de tranquillité publique; enfin, que les attaquer par un projet de loi qui tendrait à les abroger sans formes spéciales et solennelles, établies et observées, ce serait se déclarer ennemi du Roi comme de son plus beau titre de gloire, ennemi de la dynastie, de la monarchie, de la nation.

Si par le malheur des temps une faible majorité, complétée dans les deux Chambres, par des ministres et par leurs destituables, venait à consommer sans bouleversement cette criminelle entreprise, on ne peut pas douter que plutôt ou plus tard, la France, asservie peut-

être un moment, recouvrerait sa liberté légitime, et qu'il deviendrait indispensable, ou
de lui rendre la Charte même et la loi des
élections qu'on lui aurait si imprudemment
enlevées, ou de consentir avec des représen-
tans loyaux et fidèles, convoqués spéciale-
ment à cette fin, une autre constitution,
plus libérale que celle de 1814, et qui, plus
complète, ne pourrait être amendée que d'a-
près des formes constitutionnellement pres-
crites et définies, selon la *vérité - principe*,
en vigueur dans les États représentatifs les
mieux gouvernés.

IMPRIMERIE DE BAUDOUIN FILS,
RUE DE VAUGIRARD, N° 36.